Ton till not

Kenneth Palmquist

Ton till not

Förord

Den här boken är tänkt att täcka ett behov av en musikteori som tar hänsyn till barns frågor. Barn vill tidigt veta vad de symboltecken betyder som vi använder i olika skriftspråk. Att läsa och skriva musik är inte svårare än att läsa och skriva text. Det handlar om att börja tidigt och ge barn redskap som de kan använda både i lek och träning.

Ljungskile i april 2016

Kenneth Palmquist

Handledning

Varje del börjar med en genomgång som en lärare eller ledare ger. Föräldrar som vill börja tidigt med musiklek för sina barn kan också ha nytta av denna handledning.

Inledning

Den här musikteorin utgår från praktik. Den är tänkt som en musikteori som sträcker sig över flera år och kan börja tidigt i barnens liv. Övningarna börjar med att en lärare/ledare/förälder ger en förklaring till de begrepp som jag har skrivit i fetstil. Barnen gör sedan praktiska lekar/övningar. De får sjunga, spela, röra sig, måla och rita. På det viset blir praktik och teori en naturlig enhet, precis som det är i barns tidiga lekar.

Övning 1: **Höga, låga toner** och **toner som står på samma ställe (står stilla)**

Ton kallas ett ljud från t.ex. en sträng på en gitarr. (När någon knäpper på strängen så svänger - darrar - strängen med ett visst antal svängningar på en sekund - herz). Ju mer strängen spänns desto högre blir tonen.

Tonen från "surrande" läppar blir högre ju mer man spänner dem.

- Låt barnen vrida på någon av stämskruvarna på en gitarr för att upptäcka olika **tonhöjder.**
- Prova att göra olika tonhöjder med läpparna och rösten.
- Låt barnen visa med kroppen **höga, låga toner** och **toner som står på samma ställe.** Gör samma övning då barnen hör toner från någon och sedan visar med kroppen. (Tänk på att begreppen högt och lågt ibland förväxlas med orden starkt och svagt. Använd hellre orden starkt och svagt om olika nyanser i musiken).
- Sjung och spela **högt upp** och **lågt ner.** Lägg märke till att upp och ner hos en röst och andra instrument t.ex. piano, gitarr, fiol, inte är självklar. Visa på olika instrument hur man spelar upp och ner. Lyssna! När toner ligger mycket nära varandra är det speciellt svårt att höra om toner går upp eller ner. Öva därför först stora avstånd mellan tonerna. Denna övning behöver övas mycket - först genom att härma med rösten - sedan genom att sjunga efter handtecken och sist efter ritade tecken.

  Kräv inte att barnen ska sjunga eller spela "rätt" eller "rent". Att sjunga och spela "rent" övas hela livet. Barn och vuxna sjunger nästan aldrig helt "rent" i betydelsen att de prickar tonen så att den har exakt samma svängningstal per sekund som den tonen/tonerna som sjungs eller spelas före. Uppmuntra istället!

4

- Låt barnen måla höga, låga toner och toner som står på samma ställe.
- Låt barnen sjunga och spela det de målat och ritat utan krav på att sjunga och spela "rätt". (Barn tolkar sina egna tecken som de uppfattar dem.)

Övning 2: Tonsteg och tonsprång

- Tala om **tonsteg** och **tonsprång** och låt barnen se och lyssna på olika tonsteg på ett stråkinstrument. Visa t.ex. hur man kan göra alltifrån små myrsteg till stora älgkliv. Lyssna och härma de små förändringarna som man kan höra. Tonsteg kan alltså vara mindre än tonstegen på piano eller gitarr.
- Låt barnen fritt måla tonsteg, tonsprång och toner som står still. Låt barnen sjunga och spela sina kompositioner. (Sjung eller spela inte före! Barnens egna tolkningar av sina "noter" är det viktiga i övningen.)
- Låt barnen höra olika steg, språng och samma ton. Sedan kan de härma tonerna med sina röster - måla och rita det de härmat. Uppmuntra! (Lyssna, härma och skriva är en viktig arbetsgång i gehörsundervisningen.)
- Visa hur steg och språng kan se ut på gitarr, piano, xylofon, tonboxar eller klockspel. Låt barnen lyssna och titta på olika tonsteg och språng från instrument och sedan själva spela steg och språng.
- Låt barnen spela det någon annan har målat eller ritat.

Övning 3: Tonomfång och avstånd mellan två toner (intervall)

- Röster och instrument har ett begränsat **tonomfång** (från den lägsta till den högsta tonen). Låt barnen pröva sitt eget röstomfång och sedan lyssna på omfånget hos olika instrument. (Barns röstomfång är normalt mycket stort - större än de vuxnas.)
- Sjung och spela två toner och låt barnen härma med sina röster de olika **avstånden (intervallerna)** mellan tonerna. Låt barnen lyssna och gissa om tonerna ligger nära varandra, står på samma ställe eller långt ifrån varandra. Ha inga krav på att barnen ska säga rätt. Barn som inte kan härma toner exakt eller höra skillnaden mellan toner är inte "tondöva", "brummare" eller "omusikaliska". Dessa ord är värdeladdade och barn kan uppleva dessa ord mycket negativt. Barn kan genom dessa ord ibland fullständigt låsa sig och helt sluta sjunga.
  Använd därför aldrig dessa värdeladdade ord - allra minst om barn.
  Ge barnen istället mycket uppmuntran och övning.
- Låt barnen måla och rita olika avstånd mellan toner. Mät avstånden med tumme och pekfinger, med en linjal eller bara en pinne. Barnen målar och ritar troligtvis både horisontalt och vertikalt. Det fungerar bra tills de får lära sig att man oftast skriver tonhöjder vertikalt.
  Låt ett barn sjunga två toner och de andra barnen härma. Måla och rita!

Övning 4: **Motiv** och **fraser**

- Låt barnen sjunga och spela korta **motiv (smådelar)** * med utgångspunkt från tre-fem olika tonhöjder. Sjung gärna också små textramsor på motiven , t.ex. N u går vi - nu går vi till Medevi.
- Låt barnen fritt få måla eller rita olika motiv, t.ex.

- Låt barnen sjunga och spela sina motiv.
- Sjung och spela olika motiv och låt barnen härma med sina röster.
- Gör samma övning där barnen målar eller ritar motiven.
- Låt barnen måla eller rita hela **fraser** (stigar som går upp och ner över kullar, berg och fjäll.) t.ex.

* Motiv är små korta melodi eller/och rytmidéer som bygger upp en fras.
Fraserna bildar sedan en hel melodi.

Övning 5: **Noter**

När begreppen ovan har blivit övade en tid så kan man också rita och måla runda ringar, ovala cirklar (elipser) – **noter, nothuvuden.** Gör det först fritt och sedan med utgångspunkt från en **linje.** Öva samtidigt begreppen:

- **Under linjen**
- **På linjen**
- **Över linjen**
- **Noter efter varandra** (som fjällvandrare som går uppåt och neråt.)
- Gör motiv och fraser som bildar en **melodi.**

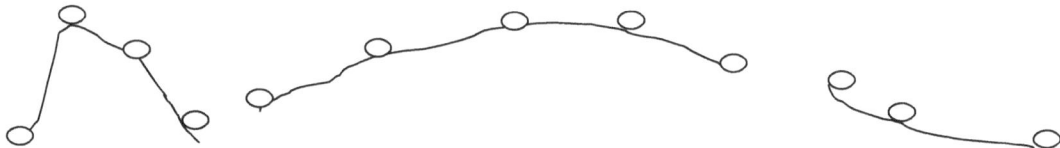

- Noter kan också byggas på varandra som tegelstenar i ett hus. Det kallas för **klang.** Man kan bygga upp tvåklanger, treklanger, fyrklanger o.s.v.
- Bygg olika klanger på piano och gitarr. Sjung olika klanger. (Det handlar inte om att lära barnen vissa ackord eller klanger. Låt dem pröva själva.)
- Sjung olika tonsteg med hjälp av två-tre noter under, på och över en linje. (Kräv inte att barnen ska sjunga efter fastställda tonhöjder. Låt barnen istället prova att sjunga sina egna sätt att uppfatta tonhöjderna.)

När barnen har arbetat med dessa begrepp och övningar kan man också införa begreppen:

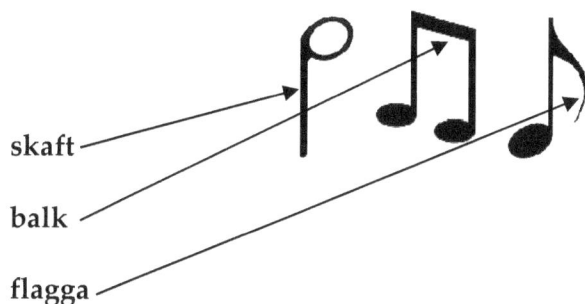

Nu kan barnen lära sig att skriva olika noter med utgångspunkt från två, tre, fyra och fem **linjer.** Benämn linjerna nerifrån och upp. Ta tid med en linje i taget. Lär in begreppen:

- **Första, andra, tredje, fjärde, femte linjen.** (Nerifrån räknat.)
- **Första, andra, tredje, fjärde mellanrummet.**
- **I** mellanrummet.
- **På** linjen.
- **Notsystem** (alla fem linjerna och alla fyra mellanrummen).
- **Hjälplinje** Mitt förslag på begrepp då det gäller hjälplinjer är att benämna noterna som **på, under** och **över** hjälplinjen. Man behöver då också säga om hjälplinjerna ligger **ovanför (uppe)** eller **nedanför (nere)** notsystemet. När man ska förklara vad en not ligger kan det t.ex. låta: "på andra hjälplinjen uppe" eller "under andra hjälplinjen nere". Öva detta!
- Låt barnen skriva melodier fritt på de fem linjerna.
- Låt barnen själva sjunga eller spela efter sina egna nottecken. (Ge barnen uppmuntran för det de skriver, sjunger och spelar. Säg aldrig att de sjunger eller spelar fel i detta skeende av inlärningen. Det kan bli förödande för deras fortsatta glädje över att sjunga och spela efter noter - och att skriva noter.)
- Lär in begreppen **takt** och **taktstreck.**
- Låt barnen rita och måla nothuvuden, skaft, balkar och flaggor. Skaften ska sitta på höger sida om nothuvudet då skaften går uppåt och på vänster sida då skaften går neråt. Denna övning kan man göra som en målarlek. Övningen kan också utvecklas till en skrivövning där man kan träna både snabbhet och välskrivning.

Övning 6: Från ton till not efter ett överenskommet (givet) **tonförråd**

Barnen har hittills arbetat utifrån ett ganska fritt sätt att måla och rita toner som noter. De får nu arbeta utifrån ett **tonförråd** (tonskafferi) som finns i övertonsserien. Övertonsserien är ett akustiskt **mönster av toner** hos en ton. En ton från en röst eller ett instrument har i själva verket ett mönster av toner. Dessa toner kallas **övertoner** eller **naturtoner.** (Se t.ex. http://www.musikipedia.se/overtoner)

- Visa för barnen att det finns olika toner i ett rör eller i en lur.
- Beskriv övertonerna t.ex. som klyftorna i en apelsin. Låt också barnen försöka höra övertonerna från en pianoton i lågt läge.
- Visa med t.ex. nothuvuden hur möstret ser ut (utan notlinjer). Var finns språng och steg i övertonsmönstret?
- Visa för barnen att man ur övertonsseriens tonskafferi kan hämta både olika språng och olika steg - intervaller.
- Visa att det kan bli en **tontrappa, tonstege - skala** längre upp i övertonsserien.
- Sjung de tre första tonerna i tontrappan för barnen. Ringa in noterna och sätt siffror eller bokstäver på dem.
- Låt barnen sjunga noterna i tre-tons-skalan, gärna med bokstäver eller/och siffror. Någon pekar på olika noter i skalan och alla sjunger.
- Låt barnen måla och rita olika tontrappor och tonstegar. Rita och måla också rutschbanor. Visa hur man både kan gå upp på stegen och **glida** ner för rutschbanan.
- Sjung och spela små ramsor med tre - fem toner som utgångspunkt.

Klaver – nycklar och andra tecken.

I västvärlden har det utvecklats ett sätt att koppla ett fastställt tonförråd till notskrift genom att använda **nycklar (klaver)** och t.ex. alfabetet. Man utgår antingen från övertonernas tonförråd eller från ett tonförråd som konstruerats. Sedan ger man utifrån t.ex. alfabetet namn åt varje ton i detta tonförråd och skriver det som noter i notsystemet. En not ges en nyckelroll. Denna not blir nyckeln som låser upp hela notsystemet. Denna nyckelnot kan skrivas i början av notsystemet. Nyckelnoten bildar sedan utgångspunkten för alla andra noter i notsystemet. Man kan ha olika nycklar för olika notsystem.

Olika slags tecken framför, ovanför och mellan noterna används på olika sätt.

- Barnen ger först egna namn på noterna.
- Då barnen har lärt sig principen med nycklarna/klaverna gör de läs och skrivövningar. En viktig del i övningarna är att kunna säga var en not ligger i notsystemet. (Notnamnen är speciellt viktiga för att lära sig intervall och klanger.) Öva också noggrant notnamn med höjningstecken och sänkningstecken.

Från ton till not - genom motiv och fraser - till en hel **melodi**

Nu ska barnen få skriva hela melodier på notsystem. De får också lära sig **förtecken** och **skalor.** Gör först melodier utan skaft, balkar, flaggor och förtecken. Börja med tre toner. Gör alltså en hel melodi - utan rytmer och förtecken - med tre toner som tonförråd.

- Gör samma övning med ett utökat tonförråd.
- Rita en **melodikurva** mellan tonerna i melodin, t.ex. så här:

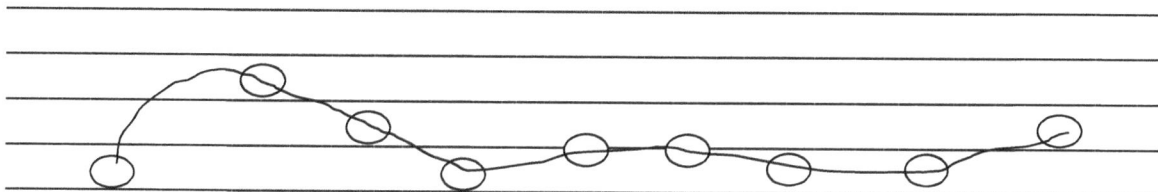

- Låt barnen göra egna motiv, fraser och hela melodier i helnoter. Låt barnen också skriva olika nottyper. Prova också med olika förtecken.
- Låt barnen sjunga och spela sina egna tolkningar av melodierna. (I detta skeende kan man börja tala om rätt och fel utifrån det fastställda tonförrådet, men det bör göras försiktigt så att man inte dödar entusiasmen hos barnen.)

Övning 7: **Puls, rytm** och **paus**

Puls handlar om jämna tidsintervall.
Rytm handlar om ojämna tidsintervall.

Puls och rytmövningarna är till för att lära sig ett sätt att läsa rytmer – först utan puls och sedan med puls. Att öva olika pulser och rytmer är viktigt då man ska sjunga och spela tillsammans.

- Låt barnen visa med kroppen **långsamma och snabba rörelser**, t.ex steg, fingerrörelser, grimaser, hand och armrörelser. Gör övningen både med **jämn puls** och **ojämn puls (rytmer).**
- Visa olika **pulstempi** genom att slå olika snabb puls mot knäna eller mot ett bord. Visa också olika längd på pulsen genom att lyfta händerna olika långt. (Ibland använder personer ordet takt – t.ex. "stampa takten" istället för ordet puls. Det är bättre för barnen att man använder ordet takt om takt och taktstreck.)
- Låt barnen gå, stampa och klappa olika puls. Använd sedan olika slagverksinstrument. Spela först med händerna och sedan med olika stockar (pinnar).
- Lär också in begreppet **paus.** Visa att pausen kan vara mycket viktig i musiken.

- Låt barnen fritt hitta på olika sätt att beskriva pulser, rytmer och pausar – först med kroppen och sedan på papper. (Härma t.ex. en klocka, ett ånglok, takdropp, regndroppar, fågelkvitter) T.ex. .... _____ .... __ _ k k k k k   p___pp
- Lär barnen vad de olika nottyperna heter och hur man kan läsa rytmer med hjälp av **tatemetoden**. (Se övning – tatemetoden. Man kan också läsa med siffror: 1-2-3-4. 1a-2a-3a-4a. 1atacka-2atacka-3atacka-4atacka.)

Övning 8: Mer om **intervaller**

Då man går vidare med intervallövningar är det viktigt att barnen får en förståelse för att steg är olika. (Jag tycker det är lättare att få barn att förstå att tonsteg kan vara jättesmå, små och stora än att tala om hela och halva steg.) Utifrån tonförrådet i övertonsserien kan barnen lära sig att det finns stora och små steg.

Det har stor betydelse att lära sig mer om intervall för att snabbare kunna läsa en hel notbild. Intervalläran är också viktig då man ska lära sig sjunga och spela efter en notbild samt hur klanger är uppbyggda.

- Låt barnen lära sig var de små stegen finns hos de vita tangenterna på ett klaverinstrument.
- Låt barnen lära sig var de små stegen ligger i notsystemet med olika klaver.
- Låt de se hur det fungerar på en gitarr och stråkinstrument.
- Sjung stora och små steg. (Att höra skillnaden på små och stora steg är svårt och behöver övas mycket.)
- Sjung, spela och lyssna på olika intervall. Öva varje intervall för sig, gärna med kända barnsånger som utgångspunkt.

Övning 9: Mer om **klanger**

- Låt barnen fortsätta att lyssna på, sjunga och spela klanger.
- Analysera olika klanger utifrån intervallerna – räknat från understa noten.
- Undersök dur och mollklangerna. (I början är det bra att räkna små steg från **grundtonen.** Grundton kallas den ton som hörs tydligast i övertonsserien då man spelar en ton. I övertonsmönstret för denna grundton finns en durklang.
  Den består av 4+3 små steg. Mollackordet består av 3+4 små steg.)
  Då barnen övat att läsa ackord är det också viktigt att de får lyssna på skillnaden mellan olika klanger.

Övningshäfte

Det här övningshäftet får kopieras i delar eller i sin helhet. Däremot får det inte användas i kommersiellt syfte.

Häftet är tänkt att användas flera år. Övningarna är förslag och kan alltså göras många gånger och varierat. De första övningarna kan med fördel göras på stora ritpapper.

Harpa

1. Övning – toner högt och lågt

Måla eller rita toner som ligger **högt** och **lågt.**

Övning – toner upp och ner, på samma ställe

Måla eller rita toner som rör sig

- **upp** och **ner.**
- **toner** som står **på samma ställe (står stilla).**

2. Övning – tonsteg, tonsprång och toner på samma ställe

Måla eller rita **tonsteg, tonsprång** och **toner på samma ställe.**

3. Övning - olika avstånd - intervall

Rita olika **avstånd** eller **intervall** mellan två toner.
Gör flera exempel. Mät intervallerna med t.ex. en linjal.

Övning – måla eller rita det du hör

Måla eller rita det du hör från någon som sjunger eller spelar två toner (ett intervall).
Ligger tonerna nära eller långt ifrån varandra?

4. Övning – motiv och fraser

Rita och måla olika **motiv** och **fraser** t.ex. som små kullar och fjäll eller som trappor. Rita också små djur som rör sig över kullarna och fjällen. Sjung och spela det du ritar.

5. Övning - att skriva toner - noter

Toner som rör sig upp och ner kan också skrivas som bollar
på en trappa,

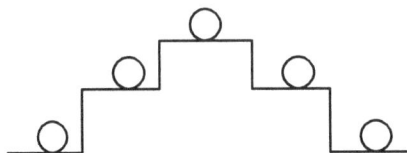

eller **på** och **mellan** linjer.

Rita en trappa och toner som små bollar. Sjung och spela!

Rita linjer och toner som små bollar. Sjung och spela!

Övning - noter

Toner kan också skrivas som ovala cirklar - elipser. ◯
Det kallas **noter.**

Skriv noter **på** linjen.

_____

Skriv noter **under** linjen.

_____

Skriv noter **över** linjen.

_____

Skriv noter **fritt.**

_____

Övning - noter

Man kan ge namn på noterna t.ex.

1. bokstäver: a, b, c
2. siffror: 1, 2, 3

Skriv noterna: a c b c a b c

a	b	c
1	2	3

Vad heter noterna?

Övning - noter och intervall

Rita många elipser - noter i mellanrummen och på linjerna.
Mät avstånden (intervallerna) genom att räkna stegen mellan
noterna. (Räkna på och mellan linjerna.)

Övning - noter som kurva och klanger

Noter kan skrivas efter varandra och på det sättet bilda en kurva eller en stig som går över kullar och berg.

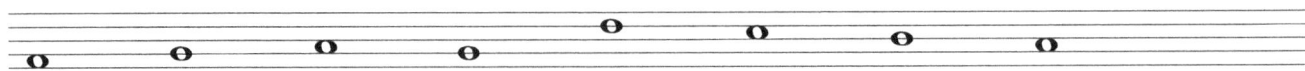

Toner kan också sjungas och spelas samtidigt. Det kan skrivas så här i noter:

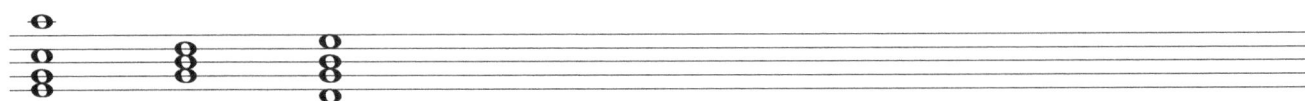

Skriv noter efter varandra så att kurvan (stigen) mellan noterna bildar kullar och berg. Sjung och spela!

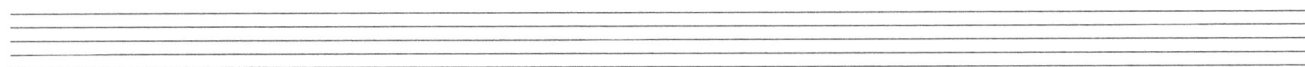

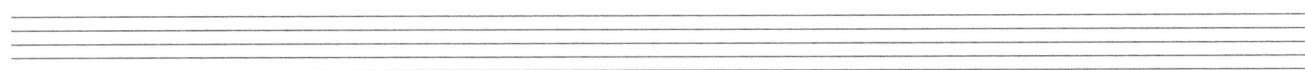

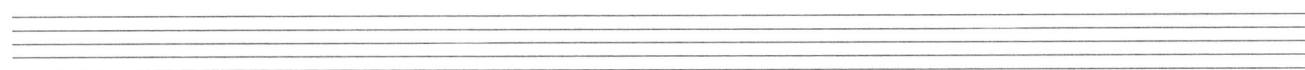

Bygg noter på varandra. Sjung och spela!

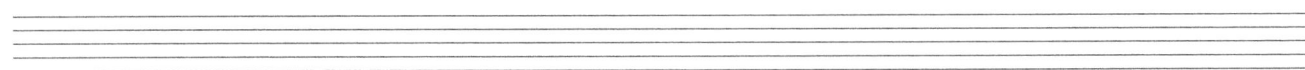

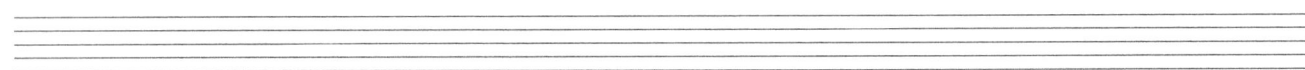

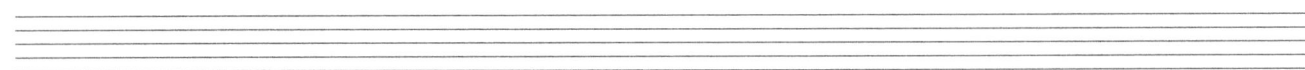

Övning - olika nottyper

Noter kan ha olika utseende.

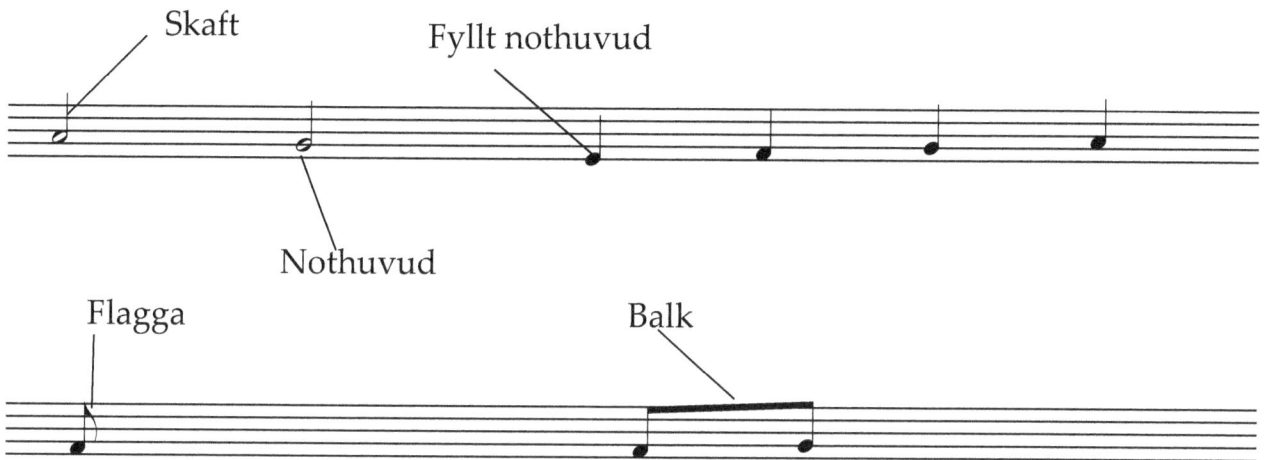

Skaft

Fyllt nothuvud

Nothuvud

Flagga

Balk

Skriv noter med **skaft.**

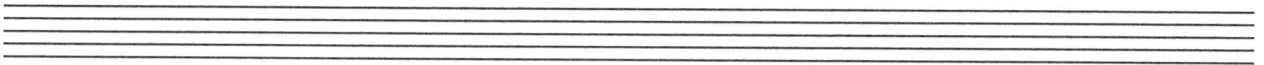

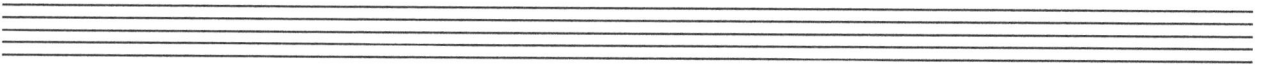

Skriv noter med **flaggor.**

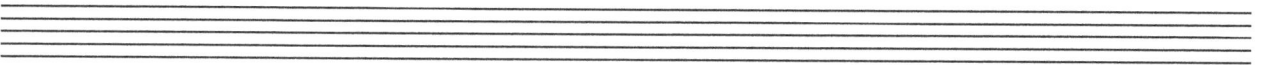

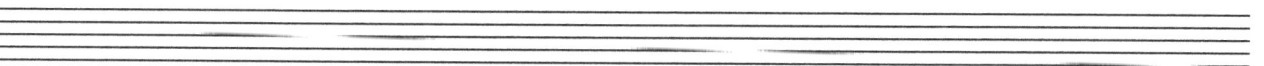

Skriv noter med **balkar.**

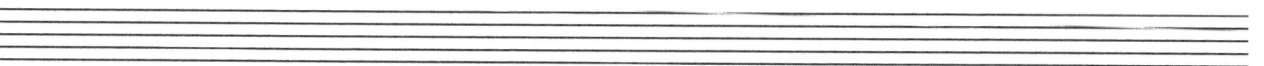

Övning - notsystem

Notsystem kallas de fem linjerna. Linjerna räknas nerifrån och upp.
Måla noterna i olika färger. Säg var noten ligger.

På första, andra, tredje, fjärde, femte linjen.

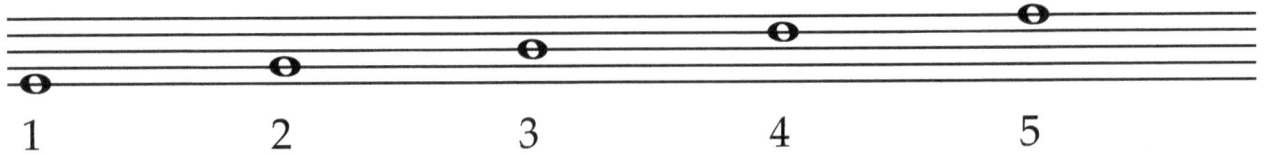

| 1 | 2 | 3 | 4 | 5 |

I första, andra tredje, fjärde mellanrummet

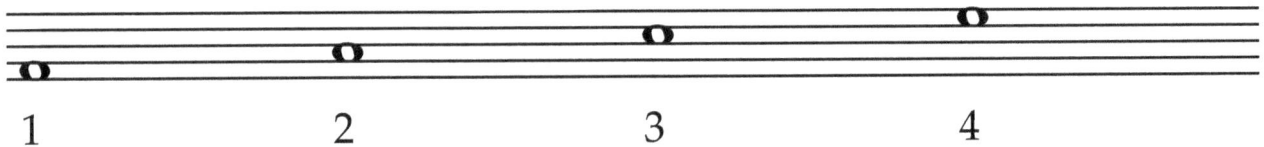

| 1 | 2 | 3 | 4 |

På första hjälplinjen nere

På första hjälplinjen uppe

Under första linjen

Över femte linjen

Övning - takt och taktstreck

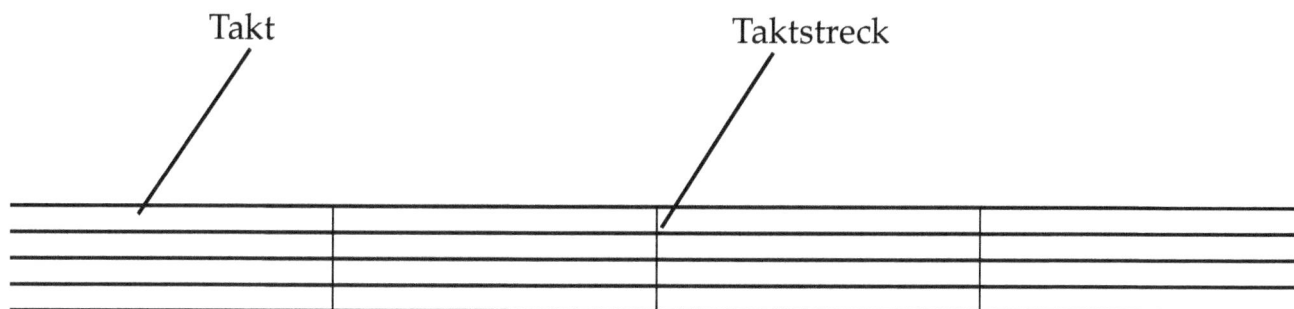

Takt   Taktstreck

Rita tre notsystem. Gör fem takter i varje notsystem.

Övning - två notsystem

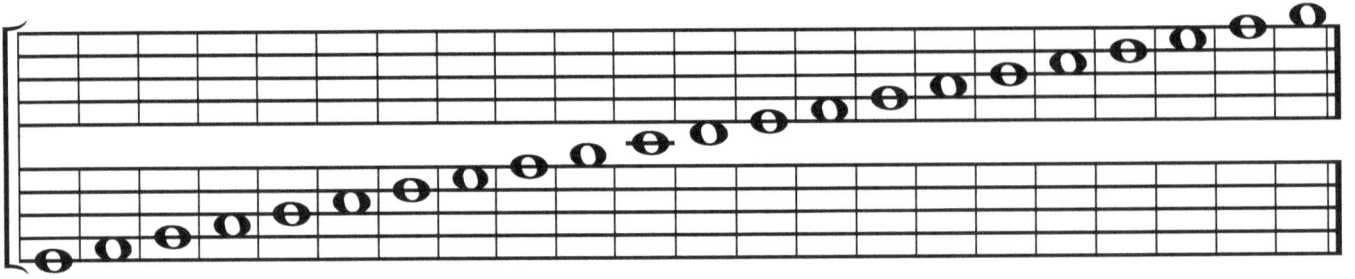

1. Här är två notsystem med fem linjer i varje.

2. Det finns en not med en hjälplinje.
   Ringa in den.

3. Det finns två noter som ligger över notsystemen.
   Gör pilar till dem.

4. Sätt ut egna namn på noterna. Beskriv var noterna ligger.

5. Sätt ut egna namn på notsystemen.

Blockflöjt

Övning - noter på två notsystem

Om man använder bokstäver som namn på noterna, så kan det se ut så här:

K L K N O P Q R S T U

A B C D E F G H I J

Hur många olika tonhöjder behöver man egentligen skriva i noter?

Den lägsta tonen som människan hör svänger ca. 20 svängningar på en sekund.

Den högsta tonen som människan normalt hör har 20 000 svängingar på en sekund. Många tonhöjder låter lika (unisont).

Om man t.ex. ber en man och en kvinna sjunga "samma" ton,

så sjunger de i själva verket olika tonhöjder med ganska stort avstånd mellan tonerna.

Man kan låta dessa toner få nästan samma namn därför att de låter lika (unisont).

Om man t.ex. lägger in sex tonhöjder mellan dessa unisona toner,

då skulle det kunna se ut så här med bokstäver som namn på noterna:

C2 D2 E2 F2 G2 A3 B3 C3 D3 E3 F3 G3

A1 B1 C1 D1 E1 F1 G1 A2 B2 C2

Övning - noter - hjälplinjer

Skriv noter **på, mellan, under** och **över** linjerna i notsystemet.
Använd också **hjälplinjer.**

Övning - noter

Här är två olika namn med 7 noter (bokstäver och siffror):

a   b   c   d   e   f   g

1   2   3   4   5   6   7

Skriv de här telefonnumren i noter:

123 765
436 751
734 613
431 564
256 175

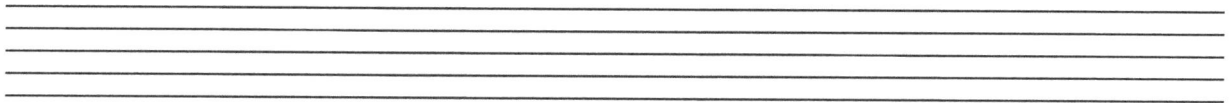

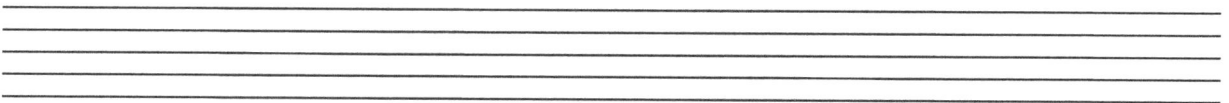

Övning - noter

Skriv det här i noter: **bada, deg, bed, dag**

Skriv noterna: **a b d e g   f e d c a   d e g a f   e d c a g**

g f e a   d c a g   e f g c   a e g c   e g f e   a c d a   e f e b   c g e b   a f d b

Övning - motiv

Skriv egna motiv med dessa noter. Sjung och spela!

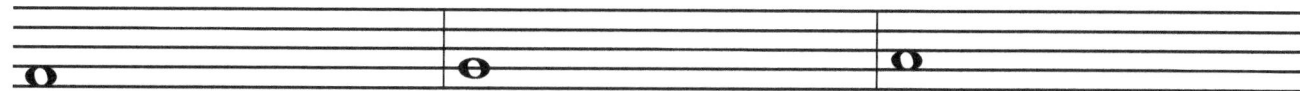

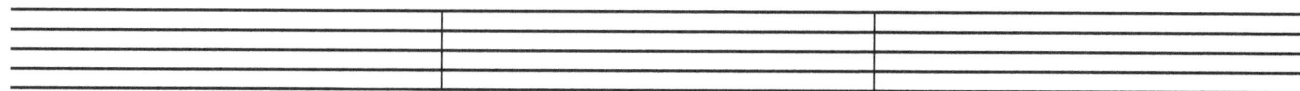

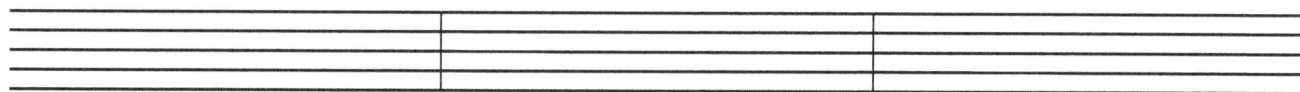

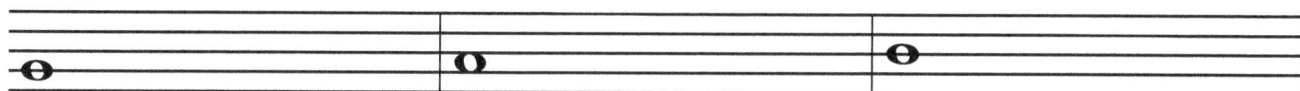

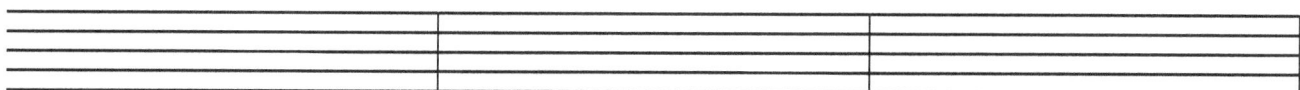

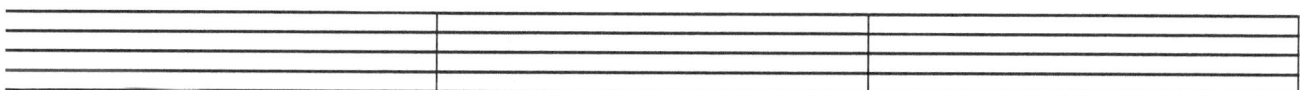

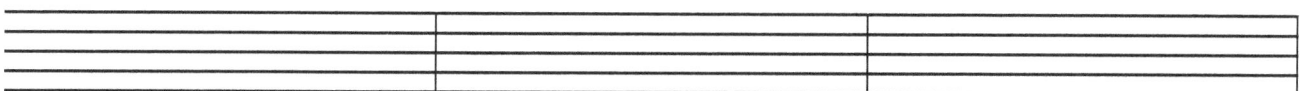

Övning - noter på två notsystem

Här används i stället stora och små bokstäver, samt siffror.

De byter namn vid noten C i stället för vid noten A.

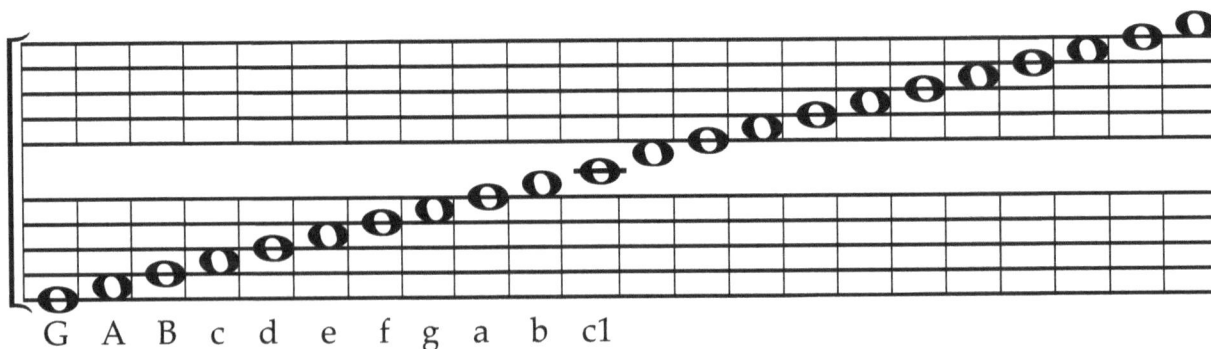

c1 d1 e1 f1 g1 a1 b1 c2 d2 e2 f2 g2

G A B c d e f g a b c1

Tramporgel

Övning - notalfabet med sju tonhöjder

g
  f
    e
   d
  c
 b
a

g
  f
   e
    d
    c
     b
     a

Läs uppåt

När toner och noter går uppåt läser man framåt i alfabetet.

När toner och noter går nedåt läser man alfabetet baklänges.

Läs nedåt

1. Lär dig att läsa både framåt och bakåt i alfabetet.
2. Lär dig att läsa noter uppåt och nedåt.

6. Övning - övertonsmönstret

Tonstege - skala

En ton innehåller en mängd småtoner som kallas **övertoner.**

Den lägsta tonen kallas **grundton** och de andra kallas övertoner.

Dessa övertoner bildar ett mönster som kallas **övertonsserien.**

I detta mönster finns både språng och steg.

Stegen bildar en trappa eller en **skala.**

Skriv melodier utifrån den här fyratoners skalan. Sjung och spela!

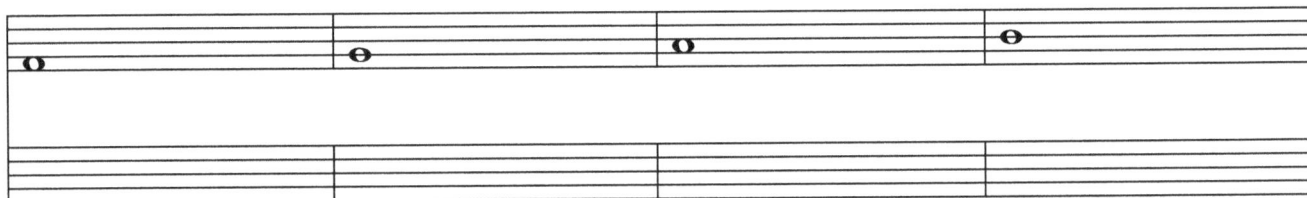

Övning - klaver

Klav är en nyckel som låser upp ett notsystem.

Man använder t.ex. alfabetet och ger varje ton i ett fastställt tonförråd ett namn. En ton får en nyckelroll.

Man bestämmer var denna nyckelton ska ligga på notsystemet, t.ex:

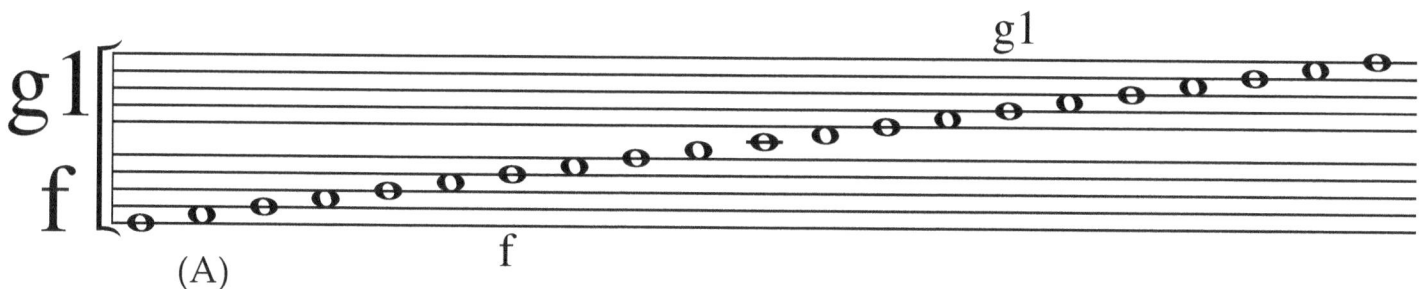

Från g1 kan man sedan använda alfabetet och ge
namn på noter både uppåt (framåt i alfabetet)
och nedåt (bakåt i alfabetet) i notsystemen.

Man kan sätta g1 och f-klaverna i början av notsystemet.
Dessa klaver ska då visa var g1 och f - tonerna ligger.
Klaven kan flyttas till vilken linje eller mellanrum som helst.
Klaverna har sett olika ut under olika tider i historien.

Övning - noter och begrepp

g1-klaven ser ut så här nu.

Hjälplinje

Notlinje

Paustecken

Nothuvud

Mellanrum

Taktstreck

c1 d1 e1 f1 g1 a1 b1 c2 d2 e2 f2

C D E F G A B c d e f g a b c1

lilla f-klaven ser ut så här nu.

f-klaven. Noterna på linjerna är: **Ge Bo den fina ankan.**

f-klaven. Noterna i mellanrummen är: **Anna cyklar emma går.**

g1-klaven. Noterna på linjerna: **en glad bofink drillar fint.**

g1-klaven. Noterna i mellanrummen: **får anna cykla ensam.**

1. Lär dig ramsorna.
2. Repetera notnamn och begrepp.
3. Lär dig att spela noterna på en klaviatur.

Olika paustecknen kommer senare i häftet.

Övning - noter

Vad heter noterna? Skriv bokstav och siffra. Spela på en klaviatur.

Övning - klaver

Skriv de här noterna: a1 c c3 g1 f2 C d2 e3 B b2

c1 - klaven brukar skrivas så här:

Alla klaver kan flyttas. Vad heter noterna?

Övning - noter

Skriv notnamn. Spela på en klaviatur.

Övning - noter

Skriv notnamn. Spela på en klaviatur.

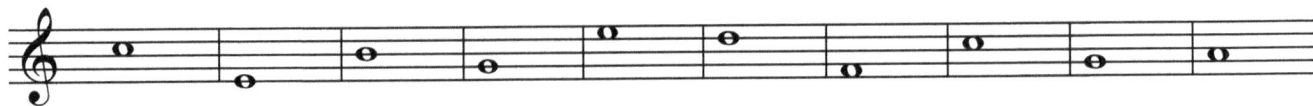

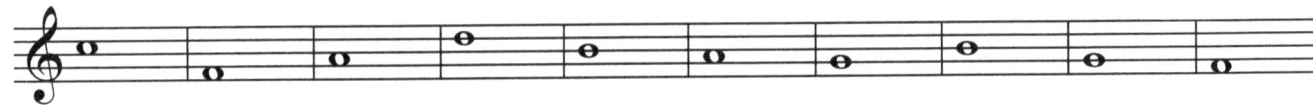

Skriv notnamn. Spela på en klaviatur.

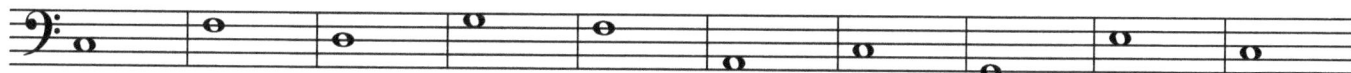

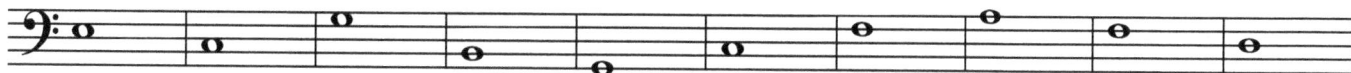

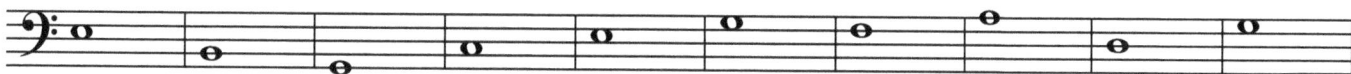

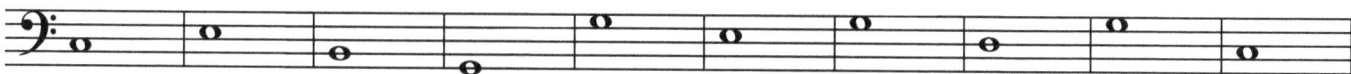

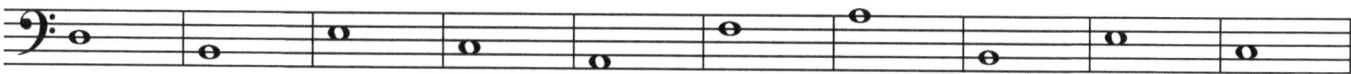

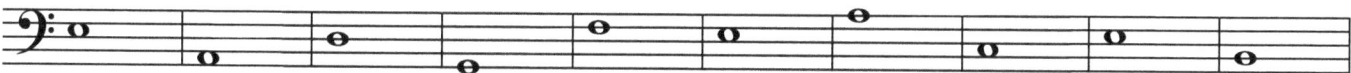

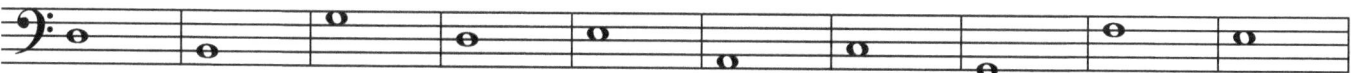

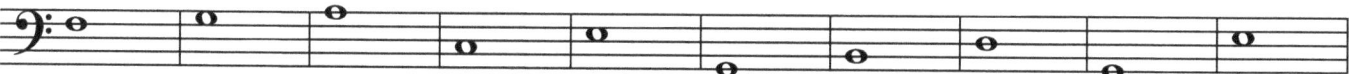

Övning - förtecken

Om man vill sänka en ton lägger man till ett **b-förtecken** framför noten.

Noten heter: notnamnet + **ess** + siffra. Spela på en klaviatur.

fess1 gess1   ass1

Om man vill höja en ton lägger man till ett **# - förtecken** framför noten.

Noten heter notnamnet + **iss** + siffra.

fiss1 giss1   biss1

Skriv b-förtecken framför varje not.

Skriv #- förtecken framför varje not.

Vad heter noterna? Spela på en klaviatur.

Övning - förtecken

Vad heter noterna? Spela på en klaviatur.

Övning - c1 nyckel (C-klav)

Öva notnamn med c1 - klaven. Spela på en klaviatur.

Övning - fasta förtecken

Man kan också sätta ut **fasta förtecken** som gäller överallt i alla takter och i alla tonlägen så länge man inte sätter ut tillfälliga förtecken.

fiss2   fiss1   fiss2

Vilka toner är sänkta och höjda? Gör pilar till förtecknen och skriv svaren.

Övning - fasta förtecken

De fasta förtecknen kommer i en bestämd ordningföjd.
Lär dig dessa ramsor.
Då lär du dig i vilken ordning förtecknen kommer.

Flickan Cecilia går dit Andreas eldar

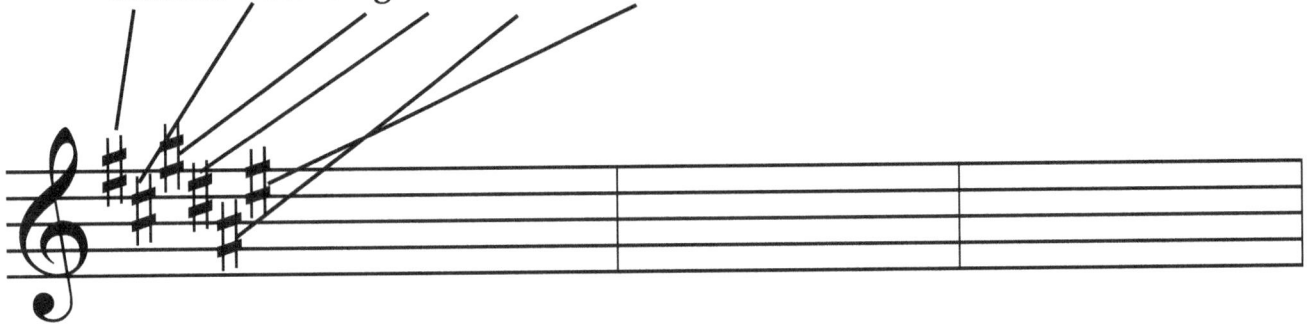

Bor Emma Alm där gåsen cyklar?

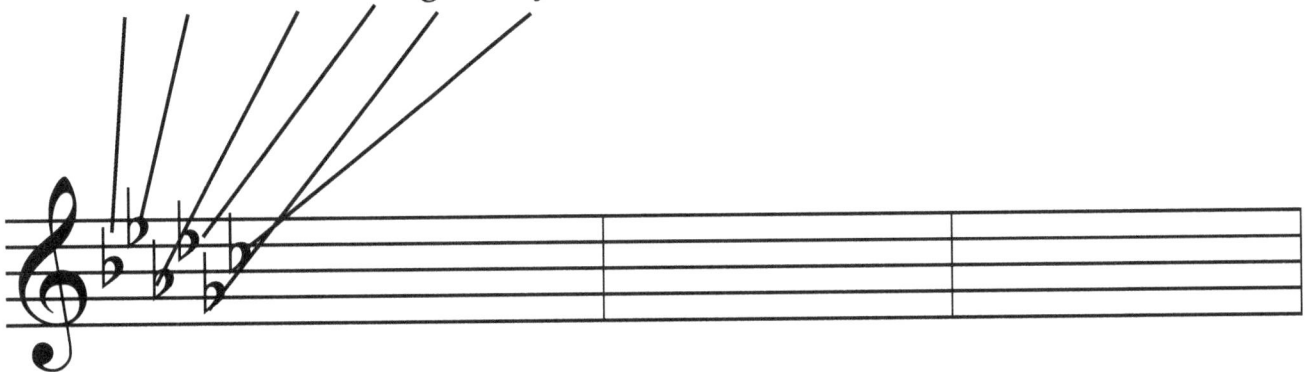

Övning - återställningstecken

De tillfälliga förtecknen gäller bara för takten som förtecknet står i.

Man kan också återställa en not till utgångsnoten. Det heter **återställningstecken.**

Vad heter noterna? Spela på en klaviatur.

Övning - fasta förtecken

Skriv noterna bess1 e2 ass2 b ess3 a2 ass

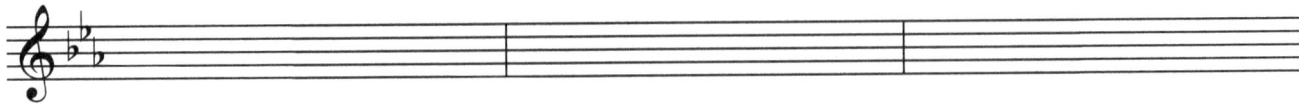

Vad heter noterna?

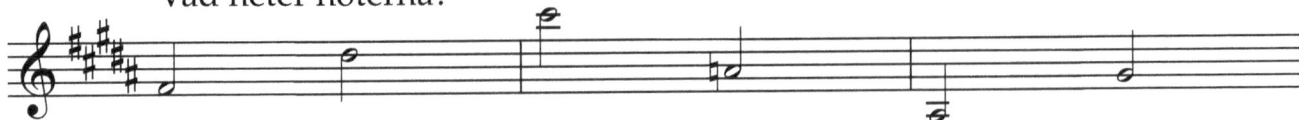

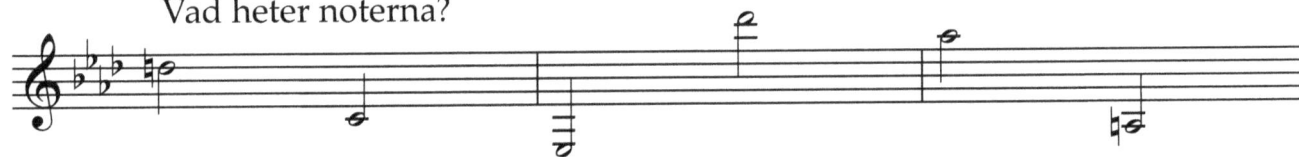

Skriv noterna giss2 ciss1 diss d2 fiss3 c1 eiss2 d1 g3 a fiss3 f

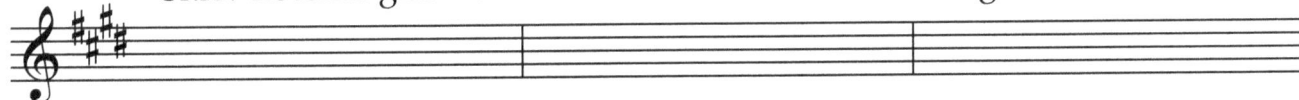

Vad heter noterna?

Ringa in fissen och cissen.

48

Övning - tontrappor (skalor)

De vita tangenterna på t.ex. ett piano kallas ibland för **stamtoner.**

Det finns två **små steg** bland stamtonerna.

e1   f1   f1   e1   b1   c2   c2   b1

Den tontrappa eller skala som börjar på C kallas för durskala eller Jonisk.
Ringa in de små stegen. Spela på en klaviatur.

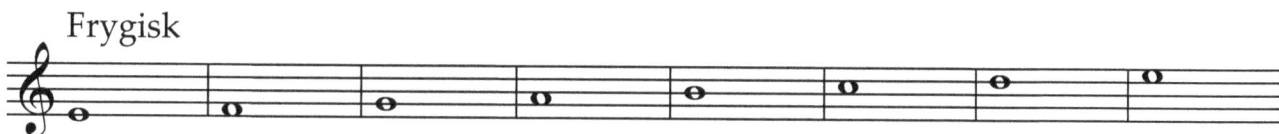

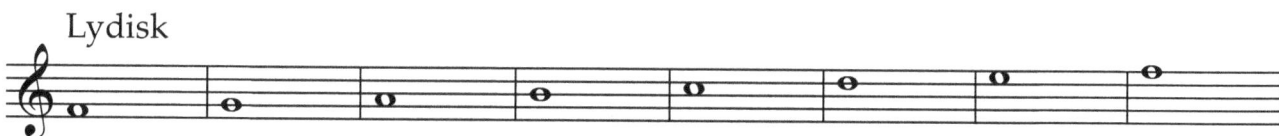

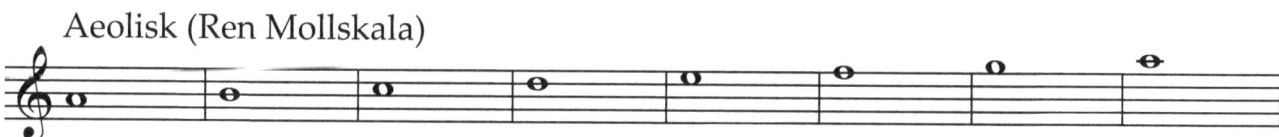

Jonisk

Dorisk

Frygisk

Lydisk

Mixolydisk

Aeolisk (Ren Mollskala)

Lokrisk

Övning- mollskalor

Det finns två varianter på den rena mollskalan:

Ren

Melodisk

Harmonisk

Gör så att de här noterna blir en melodisk mollskala.

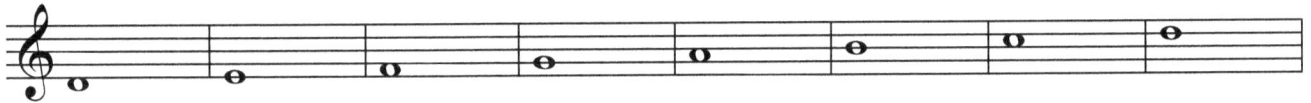

Gör en ren mollskala av dessa noter.

Gör en melodisk.

Gör en harmonisk.

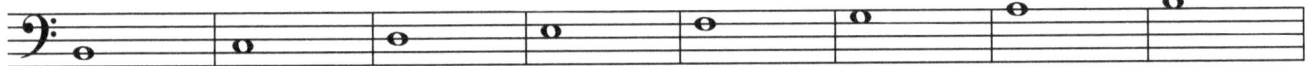

Gör en melodisk.

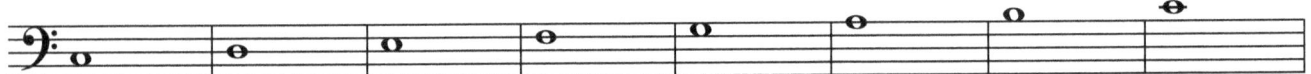

Övning - transponering

Transponera betyder att flytta (transponera) noter
så att tonstegen blir exakt lika även om man börjar från en annan ton.

Är tonstegen stora eller små? Transponera exakt lika stora tonsteg.

Förlaga   Transponera

Övning - melodier

Gör egna melodier utifrån olika skalor.

Skriv sedan stavelser eller ord till varje not. Spela och sjung!

Gör också tvärtom. Börja att skriva stavelser eller ord och gör sedan en melodi.

Man kan skriva två liknande fraser: A1 A2 eller två olika fraser: A B.

Man kan göra **repris** på första frasen: A A B eller ta reprisen efter B - delen: A B A

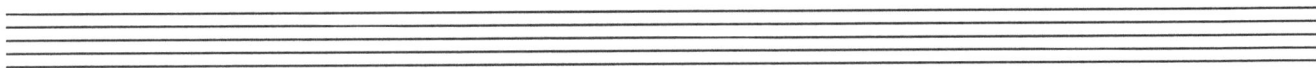

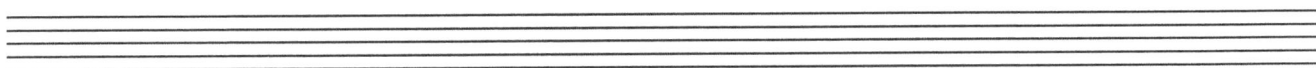

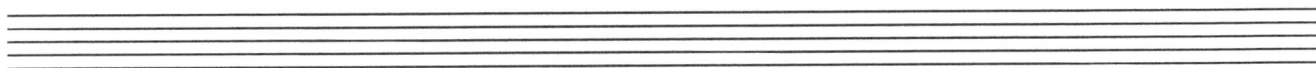

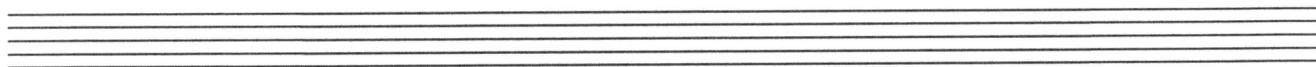

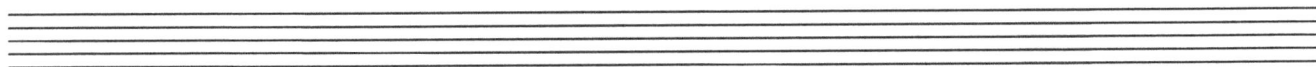

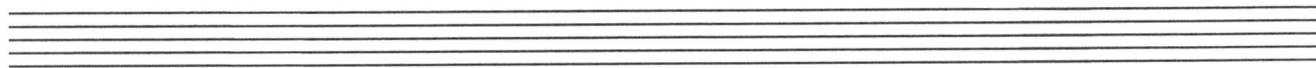

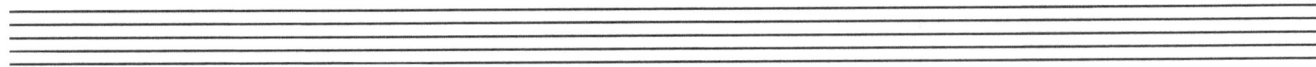

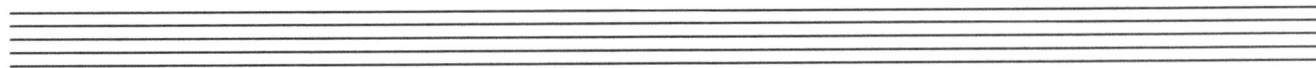

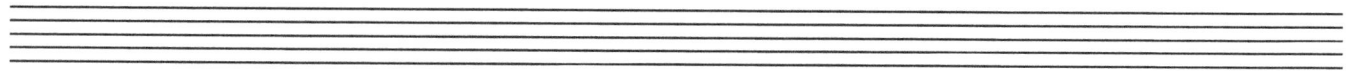

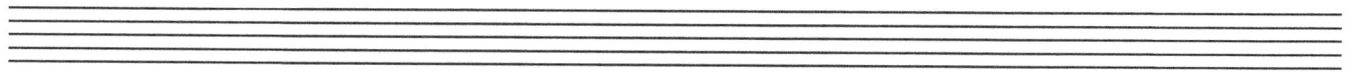

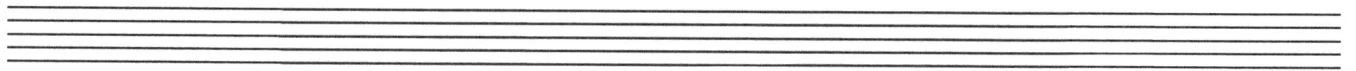

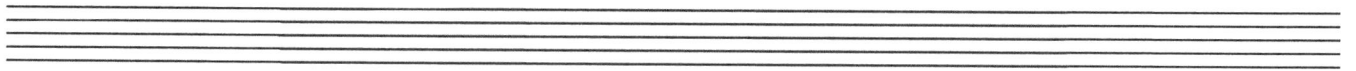

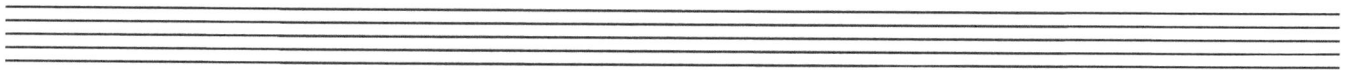

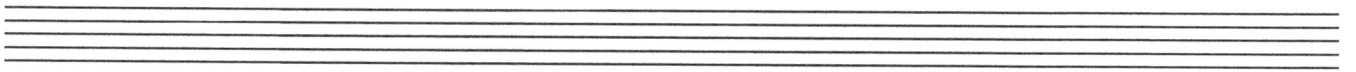

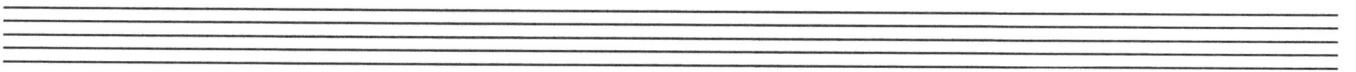

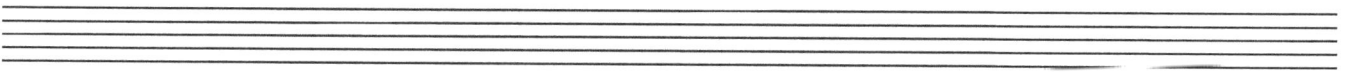

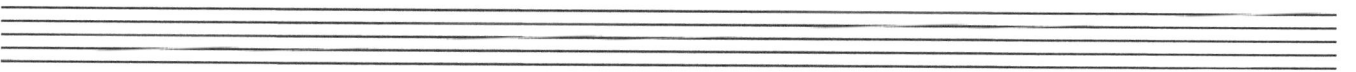

7. Övning - puls och rytm

Ordet **puls** används när man ska beskriva ljud som hörs som **jämna** slag. Det kan vara hjärtpulsen, pulsen i stegen när man går eller pulsen hos en klocka. Pulsen kan ha olika **tempi.** Man räknar ofta hjärtpulsen efter hur många slag hjärtat slår på en minut. Så kan man också göra i musiken. (60 slag på en minut = 1 sekund på varje slag.)

Puls kan t.ex. skrivas som kryss med jämna mellanrum på en linje.

_____x_____x_____x_____x_____x_____x_____

Ordet **rytm** används för att beskriva **ojämn** puls.

I t.ex. fåglarnas sång (läten) finns mängder med olika rytmer.

Rytmer kan skrivas som kryss med ojämna mellanrum på en linje.

__x____xxx_____xx_xx_____xx_____xxxxxxx_____x_____

- ❖ Öva först att gå en jämn puls.
- ❖ Öva sedan att läsa och sjunga **ta ta ta ta** i jämn puls.
- ❖ Klappa och knäpp en jämn puls.
- ❖ Spela sedan en jämn puls på ett rytminstrument.

- ❖ Gör sedan samma sak med olika rytmer.

Övning – puls och rytm

Rita och måla olika längd på toner.

Rita eller måla olika pulser och rytmer.

Övning - puls och rytm

Det finns också andra sätt att skriva rytmer.
Man kan skriva olika långa linjer _____ ____ _ _____ _

Man kan också skriva andra tecken som beskriver olika längd på tonerna.

Det här tecknet kan t.ex. betyda att tonen kan hållas ut en sekund.
Då tar det fyra sekunder att sjunga dessa fyra noter.

Det här tecknet kan betyda att tonen hålls ut två sekunder,
dubbelt så länge som de fyllda noterna.
Båda tonerna tar då fyra sekunder - lika lång tid som de
fyra fyllda noterna.

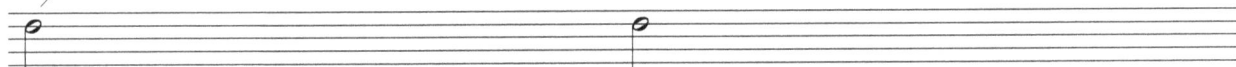

Det här tecknet kan betyda att tonen hålls ut fyra sekunder.
Tonen tar då lika lång tid som fyra fyllda och två ofyllda noter.

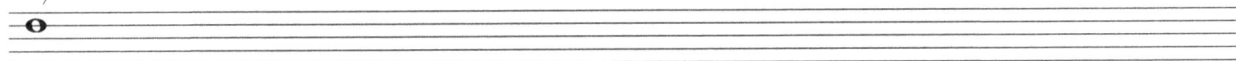

1. Läs, sjung och spela de olika noternas längd.
2. Låt någon slå pulsen med ett slag i sekunden. (Använd klocka eller metronom.)

Övning – puls och rytm

Så här ser det ut när man delar t.ex. en **hel** tårta i två delar.

Man får en **halv** var.

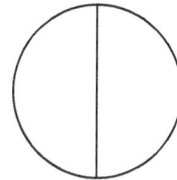

Om man är fyra som delar på tårtan då får alla en **fjärdedel** var.

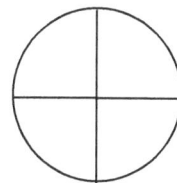

Om man är åtta som delar på tårtan då får alla en **åttondel** var.

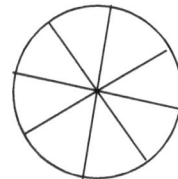

Måla tårtbitarna i olika färger.

Övning - puls och rytm

De olika typerna av noter beskriver alltså att tonerna hålls ut olika länge.
Lär dig hur de ser ut och vad de heter. Läs, sjung och spela!

Helnot
TA-A-A- A (1-2-3-4)

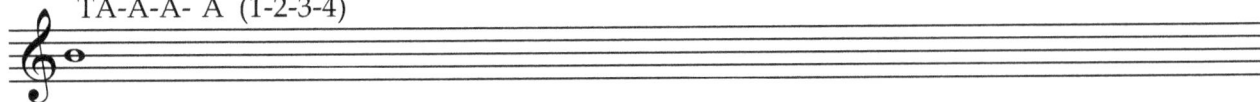

Halvnoter
TA-A (1-2)   TA-A (3-4)

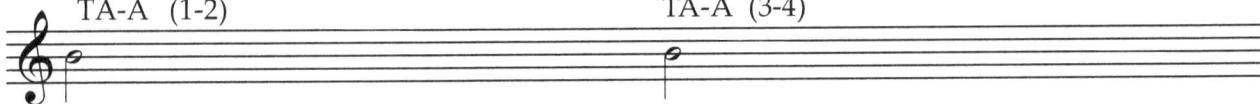

Fjärdedelsnoter
TA (1)   TA (2)   TA (3)   TA (4)

Åttondelsnoter
TA (1)   TE (a)   TA (2)   TE (a)   TA (3)   TE (a)   TA (4)   TE (a)

Sextondelsnoter
TA VA TE VE (1 atacka o.s.v.)

Punkterad halvnot (Noten förlängs med sitt halva notvärde - alltså med en fjärdedel.)
TA   -   A   -   A   -   TA

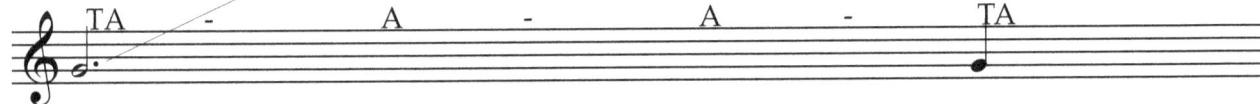

Punkterad fjärdedelsnot (Noten förlängs med sitt halva notvärde - alltså med en åttondel.)
TA (1)   -   A (2)   TE (a)   TA (3)   -   A (4)   TE (a)

Punkterad åttondelsnot
HOPP - SA   HOPP - SA   (En hoppande - gallopperande karaktär.)

TA   TE VE TA   TE VE

Övning - pausar

Helnotspaus (ta-a-a-a)   Halvnotspaus (ta-a)

Fjärdedelspaus (ta)   Åttondelspaus (kort ta eller tate)

Sextondelspaus (mycket kort ta eller tavateve)

Läs rytmerna och tänk pausarna.

Övning - taktarter

Dessa fyror betyder att det sammanlagda värdet i takten är fyra fjärdedelar.

Denna fyra betyder att fjärdedelen är puls.

Skriv noter så att de sammanlagda notvärderna i varje takt blir rätt.

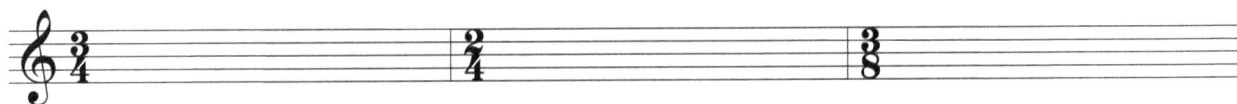

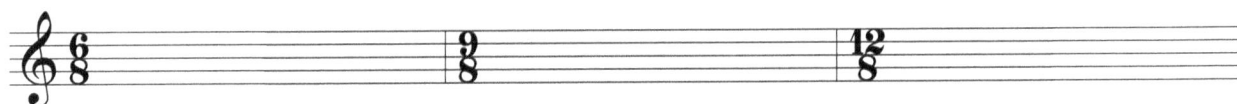

1. Vilken puls har de olika taktarterna?
Svar:

2. Hur många åttondelar får plats i varje takt?
Svar:

3. Hur många sextondelar får plats i varje takt?
Svar:

Övning - tredelning

En tårta kan också delas i tre, sex, och tolv delar.
Det kan se ut så här i noter:

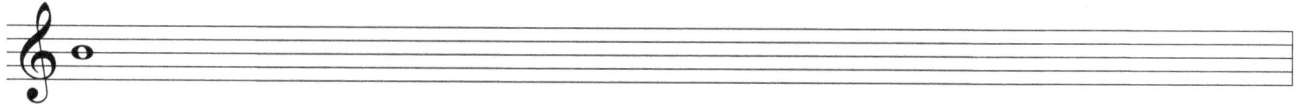

halvnots**triol** (tredjedelar)

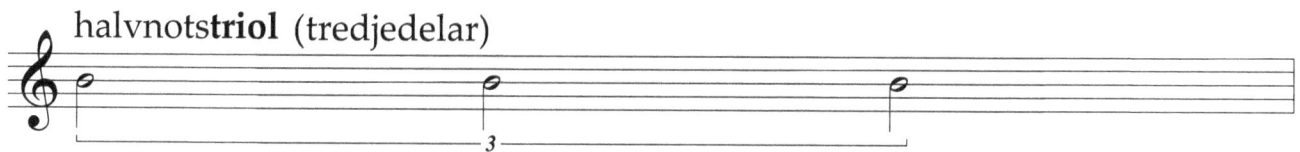

fjärdedels**trioler** (sjättedelar)

åttondels**trioler** (tolvtedelar)

Istället för att skriva ut alla trioler så kan man ändra **taktarten**:

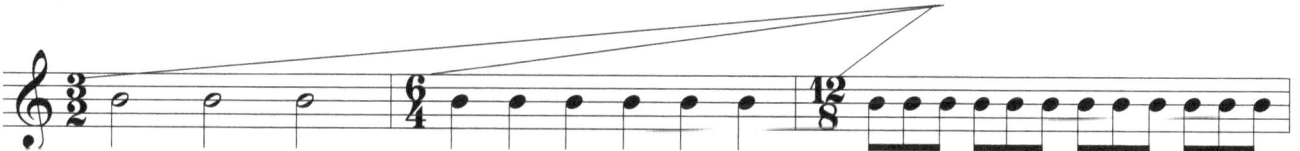

1. Hur många halvnotstrioler går det på en
helnot? Svar:

2. Hur många åttondelstrioler går det på en
fjärdedel? Svar:

Övning - tredelning

Läs, sjung och spela rytmerna. (Känn tredelningen i 3 - åttondelstakten.)

TAA   TAA   TAA

TA   TA   TA

TA   TE   TI

TAE   TI

TAEI

TA   TEI

Övning - flera tecken i noterna

Repristecken: Börja från början.

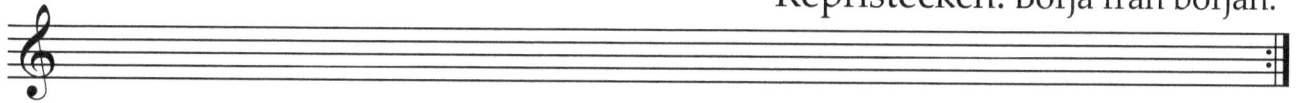

Ta om från början tills du kommer till Fine, som betyder slut.

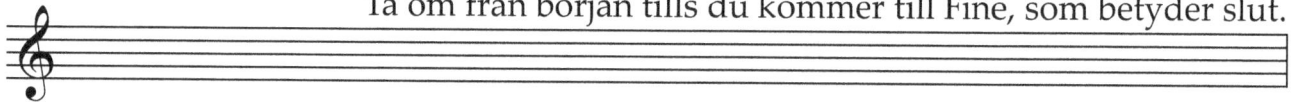

D.C. al Fine

Bindebåge: Binder ihop två eller flera noter i samma tonhöjd.

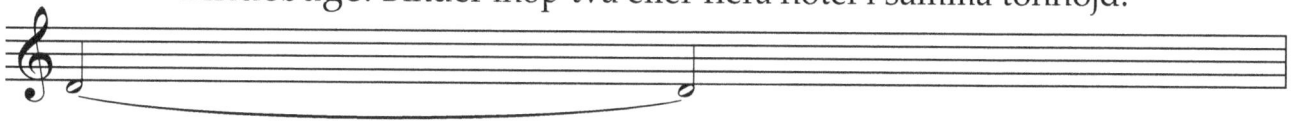

♩= *144* betyder 144 fjärdedelar på en minut.

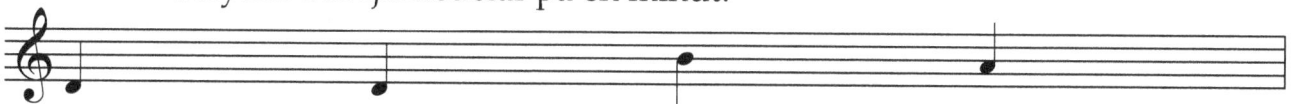

Fermat: Håll ut så länge du vill.

Legato: bundet

Staccato: kort

Portato: något kort

Non legato: nästan bundet eller lite åtskiljt.

Det finns också många utsmyckningstecken (ornament) som används i olika sorters musik. Detta häfte tar inte upp dessa tecken.

8. Övning - mer om intervaller

Om man ska lära sig det exakta avståndet mellan två toner i det västerländska tonförrådet, då måste man veta vilken sorts tonsteg det är mellan tonerna. Det finns alltså två små steg bland tonerna i det västerlänska tonförrådet.

Små steg:

Tidigare har du lärt dig att räkna stegen mellan de två noterna.

Räkna stegen på intervallerna och skriv siffran. Lyssna, sjung och spela intervallerna. Titta om det finns små steg mellan noterna.

Övning - intervaller

Steg   Språng

(notexempel i G-klav)

Ett steg kan alltså vara **litet** eller **stort.**

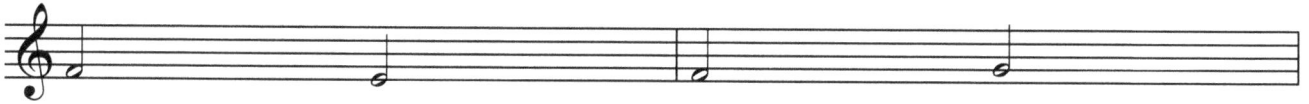

(notexempel i G-klav)

Ett litet steg kallas **liten tvåa (L2).**

(notexempel i G-klav)

Ett stort steg kallas **stor tvåa (S2).**

(notexempel i G-klav)

Övning - intervaller

Ett litet intervall kan bli stort med hjälp av förtecken.

S2

Ett stort intervall kan bli litet.

L2

Vad heter intervallerna? Spela och sjung!

Övning - intervaller

Vi ska se lite närmare på hur den exakta storleken är på intervallerna.

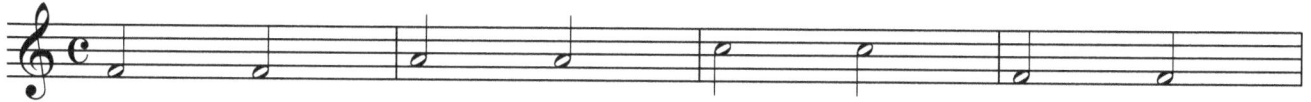

Alla ettor på stamtonerna kallas **rena (R1).**

Fyror, femmor och åttor kallas också rena. Intervallerna **1458** kallas alltså rena.
(Det finns två undantag. Det visar jag på nästa sida.)

R4   R4   R5   R8

Vad heter intervallerna?

Övning - intervaller

Det finns två undantag hos stamtonerna där det inte är ren fyra och ren femma.

De kallas **överstigande fyra** (Ö4) och **förminskad femma** (F5).

Dessa intervaller är lika stora men heter olika.

Ö4   Ö4   F5   F5

Öva undantagen!

Övning - intervaller

Intervallerna **2367** är antingen små eller stora
i sin utgångspunkt från stamtonerna.

3   3   6   6

Titta om det finns små steg mellan noterna.

Inga små steg = **stor trea S3**   Det finns **ett** litet steg = **liten trea L3**

Det finns **ett** litet steg mellan b1 och c2 = **stor sexa S6**.

Det finns **två** små steg mellan b1 och c2 samt mellan e2 och f2 = **liten sexa L6.**

Övning - intervall

När man ska analysera sjuor så gör man på samma sätt som med sexor.
Man kan också läsa **omvändningsintervallet** - det intervall som bildas om man
flyttar sjuorna så att det blir tvåor i stället. (S7 blir L2 och L7 blir S2)

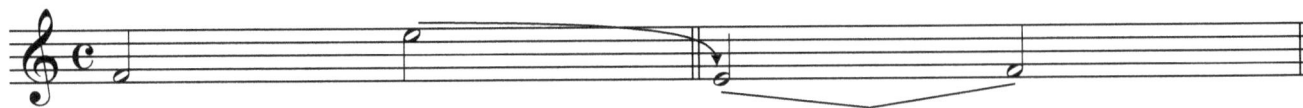

L2 (omvändningsintervallet)

I den stora sjuan (S7) finns ett litet steg.

I den lilla sjuan (L7) finns två små steg.

S2 (omvändningsintervallet)

Öva olika sexor och sjuor. Spela på en klaviatur.

Övning - intervaller

Vad heter intervallerna?

1. Räkna först stegen och sätt ut siffran.
2. Hur många små steg finns det mellan de två noterna?
3. Tänk intervallet **utan** förtecken.
4. Vad heter intervallet **med** förtecknen? Spela och sjung intervallen.

Övning - intervaller

När ett intervall blir större eller mindre blir det fortfarande
i noträttstavningen samma siffra på intervallet.
Med förtecken kan intervallet bli **förminskat (F) och dubbelförmiskat (DF)**
överstigande (Ö) dubbeltöverstigande (DÖ).

                                   R1   Ö1   DÖ1

DF4   F4   **R4**   Ö4   DÖ4

DF5   F5   **R5**   Ö5   DÖ5

DF8   F8   **R8**   Ö8   DÖ8

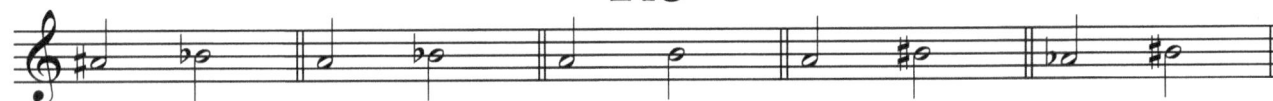

F2   L2   **S2**   Ö2   DÖ2

F3   L3   **S3**   Ö3   DÖ3

F6   L6   **S6**   Ö6   DÖ6

F7   L7   **S7**   Ö7   DÖ7

9. Övning - mer om klanger

Man kan ge olika namn på klanger, t.ex. med siffror.
Räkna stegen från den understa noten.

Tvåklanger

| 1 | 2 | 3 | 4 | 5 | 6 | 7 | 8 |

Treklanger

| 1 | 3 | 4 | 5 | 6 | 7 | 8 | 4 |
| 1 | 2 | 2 | 2 | 2 | 2 | 2 | 3 |

Fyrklanger   Vad heter klangerna? Spela klangerna på en klaviatur.

4	5
3	3
2	2

Övning - klanger

Tidigare har jag skrivit om övertonsserien.
Här är den igen med tonen stora C som grundton.

Övertoner

Grundton

Grundtonen hörs mest.

Vad heter intervallerna i övertonsserien?

Gör klanger från övertonsserien och skriv intervallerna.
Räkna från den understa noten.

5   5   4
3   3   2

Övning - klanger

Det går att hitta flera 3 - 5 klanger i övertonsserien, t.ex.

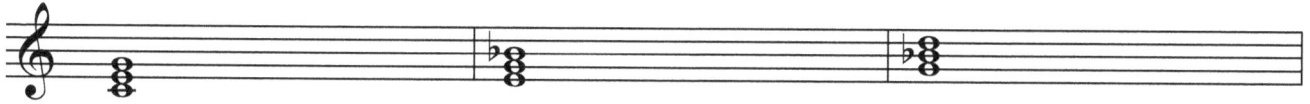

Om man letar efter små steg så är klangerna lite olika.

Använd en klaviatur för att se alla små steg (vita och svarta tangenter).

Räkna alla små steg från understa noten till den mellersta och från den mellersta till den översta.

4+3 små steg	3+3 små steg	3+4 små steg

R5	F5	R5
S3	L3	L3

Klangerna kallas:

Dur (D)	Förminskad (F)	Moll (M)

Räkna små steg och se om det är dur (D), moll(M) eller förminskade klanger (F).

Övning - klanger och ackord

1. Läs vilka intervaller klangen har (räknat från understa noten).
2. Den understa tonen i ett 3-5 ackord kallas för det mesta grundton.
   Namnet på den tonen bestämmer vilket ackord det är.

Namnet på klangen eller ackordet kan skrivas lite olika.
Det vanligaste är att man skriver stor bokstav för dur
och stor bokstav + m för moll (E, Em).

Jag använder liten bokstav + m för mollackorden.

Övning - klanger

Här är fyrklanger, men en av tonerna är samma ton i annat läge.
Färglägg de unisona tonerna.

Vad heter ackorden? Spela på en klaviatur.

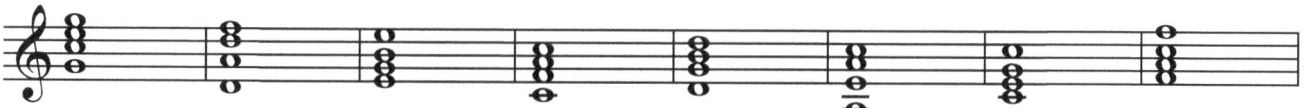

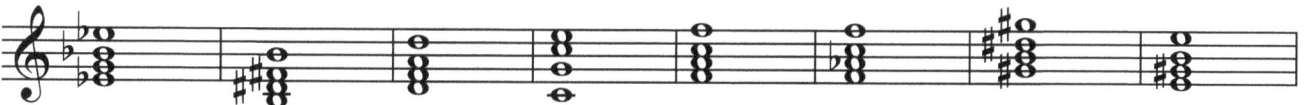

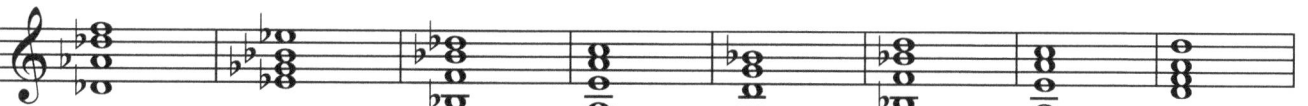

Övning - klanger

Man kan lägga samma toner sammanträngt i tre olika lägen.
Förutom 3 - 5 ackordet så blir det så här:

6
3

6
4

När man ska läsa vilket ackord det är kan man lägga om (omvändning)
ackordet så att det blir ett 3-5 ackord.

Vad heter ackorden? Spela på en klaviatur.

Övning - klanger - ackord

Här är ackord i två klaver. Tänk notnamnen!

1. Lägg ihop noterna till ett 3-5 ackord. Skriv ackorden!

2. Vilka noter i ackordet är unisona? Färglägg de unisona noterna.

3. Skriv de fyrstämmiga ackorden - fast i annat läge - bredvid ackorden.

   Färglägg de unisona noterna. Spela på en klaviatur.

www.ingramcontent.com/pod-product-compliance
Lightning Source LLC
Chambersburg PA
CBHW080527030426
42337CB00023B/4651